AF263386

CONSULTATION

SUR

LE SEPTENNAT

SUR

LES LOIS CONSTITUTIONNELLES

Votées par l'Assemblée nationale

PAR

M. J. JUTEAU

AVOCAT A LA COUR D'APPEL DE PARIS

« Osons compter sur la résurrection
« de la France, mais sachons qu'elle
« n'adviendra qu'à la condition d'être
« notre œuvre à tous. »

(Discours de M. RÉNOUARD, procureur
général à la Cour de cassation.
3 *novembre* 1874.)

PARIS

E. DENTU, LIBRAIRE

PALAIS-ROYAL, GALERIE D'ORLÉANS, 17-19

—

1874

CONSULTATION

SUR LE SEPTENNAT,

Sur les lois Constitutionnelles

VOTÉES PAR L'ASSEMBLÉE NATIONALE

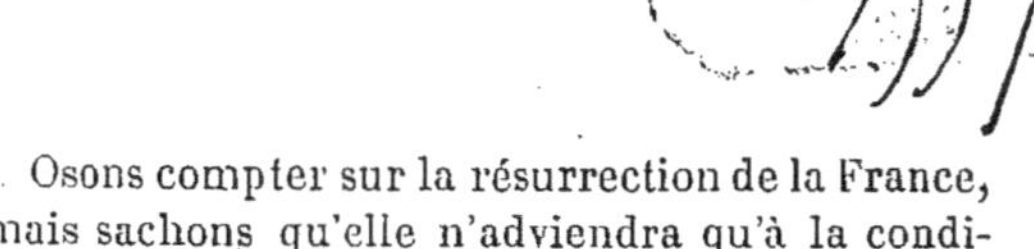

> Osons compter sur la résurrection de la France,
> mais sachons qu'elle n'adviendra qu'à la condi-
> tion d'être notre œuvre à tous.
>
> (Audience de rentrée de la Cour de Cassation. — *Discours de
> M. le procureur général* RENOUARD.— 3 novembre 1874.)

Je veux chercher, dans les actes du gouvernement de la
Défense nationale et dans les lois votées par l'Assemblée nationale, la solution des trois questions qui, à cette heure, agitent et
divisent profondément les esprits en France :

1° La République est-elle le gouvernement vrai, normal et
légal du pays ?

2° L'Assemblée nationale a-t-elle le pouvoir de constituer ?

3° La loi du 20 novembre 1873, qui nomme le maréchal de
Mac-Mahon président de la République française, est-elle une
loi constitutionnelle qui lie l'Assemblée actuelle et les Assemblées
à venir ?

Dans cette recherche, je tâcherai d'allier et le respect dû à
l'Assemblée et ce que prescrit et impose la vérité. On ne trou-
vera pas étrange, je l'espère, qu'un simple particulier traite des
questions de si haute importance : tout citoyen d'un État libre

est membre du souverain; et le droit de voter lui donne le droit de discuter les intérêts du pays et de s'en instruire d'une manière profitable pour les autres.

A la forme didactique, j'ai préféré, pour présenter les arguments avec plus de précision et de clarté, une méthode inusitée, mais qui a l'avantage de les mettre en relief et de courir, sans le secours de l'amplification, à des déductions rigoureuses et logiques.

J'entre en matière, sans établir davantage l'opportunité de cette *Consultation.*

Vu la proclamation au Peuple français du 4 septembre 1870 ;

La proclamation aux habitants de Paris portant la même date ;

La circulaire du ministre de l'intérieur aux préfets et sous-préfets ;

Le décret rendu, le 4 septembre, par le gouvernement de la Défense nationale, ordonnant la dissolution du Corps législatif et la suppression du Sénat ;

La proclamation à l'armée du 5 septembre ;

La proclamation de la République dans plusieurs grandes villes;

Le décret relatif à la formule exécutoire des arrêts, jugements, mandats de justice, contrats et autres actes (6 sept.) ;

La proclamation au Peuple français, suivie du décret portant convocation des collèges électoraux, à l'effet d'élire une Assemblée nationale constituante (8 septembre);

La note de M. Wahsburn, ministre plénipotentiaire des États-Unis, reconnaissant la République française (7 sept.), et la note par laquelle M. Kern, ministre plénipotentiaire de la Suisse, la reconnaît également (9 sept.) ;

Le décret relatif au sceau de l'État et aux sceaux, timbres et cachets des Cours, Tribunaux, Justices de paix et notaires (25 sept.) ;

Et l'armistice entre la République française et le gouvernement prussien (28 janv. 1871);

Vu, le rapport de M. Victor Lefranc sur la proposition faite par plusieurs députés de nommer M. Thiers chef du Pouvoir exécutif de la République française (17 fév.),

Et *la loi du 17 février 1871, nommant M. Thiers chef du Pouvoir exécutif de la République française;*

Vu la loi qui ratifie les préliminaires de paix signés à Versailles le 26 février 1871 (2 mars),

Et le traité de paix devenu définitif entre la République française et l'empire d'Allemagne (18 mai);

Vu la loi portant réorganisation du Conseil d'État (24 mai 1871),

Et la loi relative aux Conseils généraux (10 août);

Vu *la loi portant que le Chef du pouvoir exécutif prendra le titre de Président de la République française* (31 août);

Le décret relatif à la forme de promulgation des lois et à la formule exécutoire des arrêts et jugements (2 septembre);

Vu la loi portant réorganisation du Conseil d'État (24 mai 1872);

Vu *la loi qui règle les attributions des pouvoirs publics et les conditions de la responsabilité ministérielle* (13 mars 1873);

Vu le Message par lequel M. Thiers a adressé à l'Assemblée nationale sa démission de Président de la République française;

La résolution par laquelle cette Assemblée a nommé M. le maréchal de Mac-Mahon Président de la République française (24 mai);

La proclamation du Président de la République, M. le maréchal de Mac-Mahon (24 mai),

Et son adresse à l'Assemblée nationale (25 mai);

Vu les propositions faites par M. Casimir Périer à

M. de La Rochefoucauld-Bisaccia à l'Assemblée nationale (15 juin 1874) ;

Vu, enfin, *la décision de l'Assemblée nationale fixant à sept années la durée des pouvoirs de M. le maréchal de Mac-Mahon, comme Président de la République française* (30 novembre) ;

Considérant qu'après la capitulation de Sedan, le Corps législatif, frappé de stupeur, a déserté son mandat, le 4 septembre 1870, en se retirant sans résistance et sans protestation ;

Qu'une minorité de cette Assemblée dut se charger de l'immense responsabilité de diriger la souveraineté nationale, livrée ainsi à elle-même ,

Et qu'entraînés, dominés, par le sentiment intime de la majorité de la population parisienne, dont ils étaient, en grande partie, les élus, les hommes composant cette minorité ont proclamé la République, et que cette proclamation a été acclamée, non-seulement par la population de Paris, de Lyon, de Marseille et de toutes les grandes villes, mais encore par la France ;

Considérant que, par deux décrets, l'un du 4, l'autre du 8 septembre, le gouvernement de la Défense nationale ordonnait la dissolution du Corps législatif et la suppression du Sénat, et convoquait, pour le dimanche 16 octobre, les colléges électoraux, à l'effet d'élire une Assemblée nationale constituante « qui pourrait porter en tous lieux, et en dépit de tous les désastres, l'âme vivante de la Patrie. »

Considérant que, le 6 septembre, le gouvernement décrétait :

« Les tribunaux rendent la justice au nom du Peuple français ;

« Les expéditions des arrêts, jugements, mandats de justice... seront intitulés ainsi qu'il suit :

« RÉPUBLIQUE FRANÇAISE

« AU NOM DU PEUPLE FRANÇAIS ; »

Que, le 7 septembre, M. Wahsburn, ministre plénipotentiaire des États-Unis, et, le 9 septembre, M. Kern, ministre plénipotentiaire de la Suisse, reconnaissaient, chacun au nom de son gouvernement, la République française, M. Wahsburn terminant sa note par ces mots qui resteront historiques :

« Ils (le gouvernement et le peuple des États-Unis) auront appris « avec enthousiasme la proclamation de cette République qui s'est « constituée en France, sans qu'une goutte de sang ait été versée; »

Que, le 25 septembre, le gouvernement a décrété qu'à l'avenir le sceau de l'État porterait d'un côté, pour type, la figure de la Liberté et, pour légende : « Au nom du Peuple français ; » de l'autre côté, une couronne de chêne et d'olivier, liée par une gerbe de blé ; au milieu de la couronne : « République française, démocratique, une et indivisible, » et pour légende : « Liberté, Égalité, Fraternité, » et que les sceaux, timbres et cachets des cours, tribunaux et notaires porteraient, pour type, la figure de la Liberté, telle qu'elle était déterminée par le sceau de l'État; pour exergue : « République française ; »

Considérant que, le 28 janvier 1871, intervint entre les deux gouvernements français et prussien un armistice de vingt et un jours;

Que cet armistice avait pour but de permettre au gouvernement de la Défense nationale de convoquer une Assemblée librement élue et dont la mission serait de se prononcer sur la seule question de paix ou de guerre ;

Que les collèges électoraux furent convoqués, en conséquence, le 29 janvier, pour le 8 février, et que les représentants élus se réunirent pour la première fois, le 13 du même mois, en Assemblée nationale ;

Considérant que le gouvernement de la Défense nationale remit à l'Assemblée ses pouvoirs et, avec ses pouvoirs, la République que la nation avait reconnue et acclamée ;

Que, dans sa séance du 16, l'Assemblée fut saisie par plusieurs de ses membres de la résolution qui suit :

« M. Thiers est nommé chef du pouvoir exécutif de la République française ;

« Il exercera ses fonctions sous le contrôle de l'Assemblée nationale, avec le concours des ministres qu'il aura choisis et qu'il présidera ; »

Que cette proposition, renvoyée à l'examen des bureaux, fut votée le lendemain, sur le rapport de M. Victor Lefranc, par tous les représentants, à l'exception d'un seul, M. de Belcastel,

Et qu'elle devint la loi du 17 février 1871 ;

Considérant qu'en votant cette loi, son premier acte d'autorité, l'Assemblée nationale a affirmé son droit constituant et proclamé officiellement la République française ;

Que le doute à cet égard n'est pas, du reste, possible, en présence des termes si précis du rapport de M. Victor Lefranc :

« Cette loi, y est-il dit, est l'affirmation incontestable du droit souverain de la nation et de l'Assemblée qui la représente à statuer sur les institutions de la France, mis à côté de l'affirmation d'un fait, non moins incontestable : l'existence du gouvernement de la République française, si bien nommé le gouvernement de la Défense nationale, le gouvernement au nom duquel nous avons oublié nos dissensions, versé notre sang, sauvé notre honneur et réuni cette Assemblée. »

Que si, d'ailleurs, l'Assemblée nommée n'avait pas eu d'autre mission que de décider la paix ou la continuation de la guerre, la nécessité lui a fait un devoir de reconnaître et de proclamer la République comme gouvernement existant, la paix ne pouvant être faite ou la guerre continuée qu'au nom d'un pouvoir nettement dénommé, sinon encore organisé, constitué,

Et qu'en effet le traité de paix définitif avec l'Allemagne a été passé, le 18 mai 1871, avec les qualités suivantes :

« M. Jules Favre, ministre des affaires étrangères de la République française ; M. Augustin-Thomas-Joseph Pouyer-Quertier, ministre des finances de la République française, stipulant au nom de la République française, etc. » ;

Considérant que, le 10 août 1871, l'Assemblée nationale a voté une loi sur l'organisation et sur les attributions des Conseils généraux ;

Considérant que, le 31 août suivant, affirmant d'une manière plus significative encore son pouvoir constituant, elle a voté une deuxième loi constitutionnelle complétant la loi du 17 février et qui peut être considérée comme une nouvelle affirmation officielle de la République ;

Que son texte porte, en effet :

« L'Assemblée nationale,

« Considérant qu'elle a le droit d'user du pouvoir constituant, attribut essentiel du pouvoir dont elle est investie, et que les devoirs impérieux que tout d'abord elle a dû s'imposer, et qui sont encore loin d'être accomplis, l'ont seuls empêchée jusqu'ici d'user de ce pouvoir, etc...

« Décrète :

« ARTICLE PREMIER. — Le chef du Pouvoir exécutif prendra le titre de « Président de la République française, » et continuera d'exercer, sous l'autorité de l'Assemblée nationale, tant qu'elle n'aura pas terminé ses travaux, les fonctions qui lui ont été déléguées par décret du 17 février 1871 ;

« ART. 2. — Le Président de la République promulgue les lois dès qu'elles lui sont transmises par le président de l'Assemblée nationale ;

« Il assure et surveille l'exécution des lois ;

« Il réside au lieu où siége l'Assemblée,

« Il est entendu par l'Assemblée nationale toutes les fois qu'il le croit nécessaire, et après avoir informé de ses intentions le président de l'Assemblée ;

« Il nomme et révoque les ministres ;

« Le Conseil des ministres et les ministres sont responsables devant l'Assemblée ;

« Chacun des actes du Président de la République doit être contre-signé par un ministre.

« Art. 3. — Le Président de la République est responsable devant l'Assemblée, »

Et que l'Assemblée nationale a posé, dans cette loi, les bases d'une constitution remplissant, pour si imparfaite qu'elle soit, toutes les conditions de la République ;

Considérant que, comme conséquence de cette deuxième loi constitutionnelle, le Président de la République a décrété, le 2 septembre suivant, sur le rapport du garde des sceaux, ministre de la justice :

« Article premier. — Les lois seront promulguées à l'avenir dans les formes suivantes :

« L'Assemblée nationale a adopté ;

« Le Président de la République française promulgue la loi dont la teneur suit :

« Art. 2. — Les expéditions des arrêts, jugements, mandats de justice, ainsi que les grosses et expéditions des contrats, seront intitulés :

« RÉPUBLIQUE FRANÇAISE.

« AU NOM DU PEUPLE FRANÇAIS ; »

Considérant que, le 13 novembre 1872, à la suite d'un message du Président de la République demandant qu'une loi réglât les attributions des pouvoirs publics et les conditions de la responsabilité ministérielle, l'Assemblée nationale nomma une commission de trente membres chargée d'élaborer cette loi,

Et que, le 13 mars 1873, sur le rapport de sa commission, et après plusieurs discussions, elle a voté, par 407 voix contre 225, la loi suivante :

« L'Assemblée nationale, réservant dans son intégrité le pouvoir constituant qui lui appartient, mais voulant apporter des améliorations aux pouvoirs publics,

« Décrète :

« Article premier. — La loi du 31 août 1871 est modifiée ainsi qu'il suit :

« Le Président de la République communique avec l'Assemblée

par des messages qui, à l'exception de ceux par lesquels s'ouvrent les sessions, sont lus à la tribune par un ministre ;

« Néanmoins, il sera entendu par l'Assemblée dans la discussion des lois, lorsqu'il le jugera nécessaire et après l'avoir informée de son intention par un message ;

« La discussion à l'occasion de laquelle le Président de la République veut prendre la parole est suspendue, après la réception du message, et le Président de la République sera entendu le lendemain, à moins qu'un vote spécial ne décide qu'il le sera le même jour. La séance est levée après qu'il a été entendu, et la discussion n'est reprise qu'à une séance ultérieure. La délibération a lieu hors la présence du Président de la République;

« ART. 2. — Le Président de la République promulgue les lois déclarées d'urgence dans les trois jours et les lois non urgentes dans le mois après le vote de l'Assemblée;

« Dans le délai de trois jours, lorsqu'il s'agira d'une loi non soumise à trois lectures, le Président de la République aura le droit de demander, par un message motivé, une nouvelle délibération ;

« Pour les lois soumises à la formalité des trois lectures, le Président de la République aura le droit, après la seconde, de demander que la mise à l'ordre du jour pour la troisième délibération ne soit fixée qu'après le délai de deux mois ;

« ART. 3. — Les dispositions de l'article précédent ne s'appliquent pas aux actes par lesquels l'Assemblée nationale exercera le pouvoir constituant qu'elle s'est réservé dans le préambule de la présente loi;

« ART. 4. — Les interpellations ne peuvent être adressées qu'aux ministres, et non au Président de la République ;

« Lorsque les interpellations adressées aux ministres ou les pétitions adressées à l'Assemblée se rapportent aux affaires extérieures, le Président de la République aura le droit d'être entendu ;

« Lorsque ces interpellations ou ces pétitions auront trait à la politique intérieure, les ministres répondront seuls des actes qui les concernent; néanmoins si, par une délibération spéciale, communiquée à l'Assemblée avant l'ouverture de la discussion par le vice-président du Conseil des ministres, le Conseil déclare que les questions soulevées se rattachent à la politique générale du gouvernement et engagent ainsi la responsabilité du Président de la République, le Président aura le droit d'être entendu dans les formes déterminées par l'article 1er ;

« Art. 5. — L'Assemblée nationale ne se séparera pas avant d'avoir statué :

« 1° Sur l'organisation et le mode de transmission des pouvoirs législatif et exécutif ;

« 2° Sur la création et les attributions d'une seconde Chambre ne devant entrer en fonctions qu'après la séparation de l'Assemblée actuelle ;

« 3° Sur la loi électorale ;

« Le gouvernement soumettra à l'Assemblée des projets de lois sur les objets ci-dessus énumérés ; »

Considérant que, le 24 mai 1873, à la suite de la démission de M. Thiers et son remplacement, comme Président de la République française, par le maréchal de Mac-Mahon, le nouveau Président ; nommé « aux termes des lois constitutives du pouvoir exécutif », a déclaré qu'aucune atteinte ne serait portée aux lois existantes et aux institutions ;

Considérant que l'Assemblée nationale a voté, le 20 novembre 1873, la loi suivante, qui confie le pouvoir exécutif, pour sept années, au maréchal de Mac-Mahon :

« Article premier. — Le Pouvoir exécutif est confié, pour sept ans, au maréchal de Mac-Mahon, duc de Magenta, à partir de la promulgation de la présente loi ; ce pouvoir continuera à être exercé avec le titre de Président de la République et dans les conditions actuelles, jusqu'aux modifications qui pourraient y être apportées par les lois constitutionnelles ;

« Art. 2. — Dans les trois jours qui suivront la promulgation de la présente loi, une commission de trente membres sera nommée en séance publique et au scrutin public pour l'examen des lois constitutionnelles ; »

Considérant que deux propositions de lois ont été déposées sur le bureau de l'Assemblée nationale :

La première par M. le duc de La Rochefoucauld-Bisaccia, portant que :

« ARTICLE PREMIER. — Le gouvernement de la France est la monarchie ; le trône appartient au chef de la Maison de France ;

« ART. 2. — Le maréchal de Mac-Mahon prend le titre de lieutenant général du royaume ; »

La seconde, par M. Casimir Périer, portant que :

« L'Assemblée nationale, voulant mettre un terme aux inquiétudes du pays, adopte la résolution suivante :

« La commission des lois constitutionnelles prendra pour base de ses travaux sur l'organisation de la transmission des pouvoirs publics :

« 1° L'article 1ᵉʳ du projet de loi du 19 mai 1873, ainsi conçu :

« Le gouvernement de la République française se compose de deux Chambres et d'un Président, chef du pouvoir exécutif ;

« 2° La loi du 20 novembre 1873, par laquelle la présidence de la République a été confiée à M. le maréchal de Mac-Mahon, jusqu'au 20 novembre 1880 ;

« 3ᵉ La consécration du droit de révision partielle ou totale de la Constitution dans des formes et à des époques que déterminera la loi constitutionnelle ; »

Et que ces deux propositions, dont l'une a été renvoyée à la commission d'initiative, l'autre à la commission des lois constitutionnelles, sont « essentiellement inconstitutionnelles, » en ce qu'elles portent atteinte aux lois fondamentales de la République, votées par l'Assemblée nationale, celle de M. C. Périer, parce qu'elle semble mettre en doute et soumettre de nouveau à la discussion un gouvernement officiellement établi, et celle de M. de La Rochefoucauld-Bisaccia, parce qu'elle en voudrait changer le principe ;

Considérant que l'Assemblée nationale, méconnaissant l'ensemble des actes constitutionnels qu'elle-même a établis, a pris « une constitution républicaine définitive » pour un ordre de choses provisoire, et que, à la suite de ce renversement des principes, elle prétend discuter la République;

Considérant que toutes les idées de la veille, prétendues politiques, ont été obligées de s'incliner devant cette forme de gouvernement et d'emprunter son drapeau pour être encore quelque chose;

Considérant que, si le gouvernement actuel de la République n'est pas constitué de manière à répondre aux besoins de la société et à donner la stabilité, les lois constitutionnelles des 17 février et 31 août 1871 et des 13 mars et 20 novembre 1873 ont cependant posé les bases d'une constitution dont le caractère distinctif est déjà déterminé :

« Le Président de la République nommé pour sept ans; les ministres responsables; les rapports du Président de la République avec l'Assemblée nationale définis ; »

« Considérant que, par la loi du 13 mars 1873, l'Assemblée a pris l'engagement formel d'organiser les pouvoirs publics et de régler le mode de leur transmission ;

Qu'après avoir proclamé la République, elle est tenue d'y approprier les dispositions organiques, selon ce principe de Cicéron : *Accommodabimus leges ad illum quem probavimus, civitatis statum* (De Leg., 3. xxv);

Et qu'elle a, en effet, par ses lois sur la réorganisation du Conseil d'État et sur les attributions des conseils généraux, et par sa loi sur les maires, continué à organiser les pouvoirs constitutionnels ;

Considérant que M. Thiers avait raison de dire à Vizille :

« J'ai accepté le titre de Chef du pouvoir exécutif de la République française, et ce n'est pas moi qui ai choisi ou pris ce titre ;
« c'est une commission de l'Assemblée nationale dans laquelle siégeaient en majorité ceux qui, aujourd'hui, se considèrent exclusi-

« vement comme conservateurs ; ce sont eux qui ont qualifié de
« républicain le pouvoir qu'ils me confiaient,..

« ... J'AI DONC REÇU LA RÉPUBLIQUE DES MAINS DE L'ASSEMBLÉE
« ET J'AI DÉCLARÉ DEVANT ELLE QUE JE GARDERAIS FIDÈLEMENT LE
« DÉPOT QUI M'ÉTAIT CONFIÉ ; QU'ON ME DONNAIT LA RÉPUBLIQUE,
« QUE JE RENDRAIS LA RÉPUBLIQUE...; »

Considérant que, si de l'aveu même de ceux qui
sont le plus opposés à la République, on en a entrepris l'expérience,
il faut la faire complète et loyale ;

Considérant que, au lieu de jeter le trouble dans les
esprits et dans le pays, d'affaiblir l'ordre public, l'usage de cette
forme de gouvernement a produit, au contraire, des résultats
inespérés : répression d'une formidable insurrection, libération du
territoire, rétablissement du crédit public ;

Considérant que, si en votant les lois des 17 février
et 31 août 1874 et des 13 mars et 20 novembre 1873, l'Assemblée
nationale n'avait pas fait acte de constituant, son mandat serait
épuisé depuis la paix faite avec l'Allemagne et la libération du
territoire ; mais que telle n'a jamais été sa pensée ; qu'elle a affirmé, au contraire, d'une manière plus significative encore ce pouvoir qu'elle se reconnaissait en déléguant pour sept années, au
maréchal de Mac-Mahon, la présidence de la République ;

Considérant, par suite, que les lois précitées et no-
tamment la loi du 20 novembre 1873, ne sont pas des actes acci-
dentels de la volonté de l'Assemblée, des lois ordinaires que le lé-
gislateur pourrait rapporter ; mais bien des lois constitutionnelles
qui la lient, comme elles lient les Assemblées qui suivront ;

Considérant que ces lois ont toutes, successivement,
affirmé la République comme forme de gouvernement de la France ;
Que la nomination du maréchal de Mac-Mahon comme Président de la République pour sept ans n'a été, en fait, qu'une muta-
tion de personnes, les principes restant toujours les mêmes,

Et que le maréchal de Mac-Mahon l'a ainsi compris, comme en témoignent et sa proclamation du 24 mai et sa circulaire du 25 mai 1873, proclamation et circulaire confirmant les principes contenus dans les premières lois constitutionnelles des 17 février, 13 août 1871, et du 13 mars 1873, principes qu'il consacrait de nouveau, en ces termes, dans son Message du 26 mai :

« Le magistrat chargé du Pouvoir exécutif n'est que le délégué de l'Assemblée, en qui réside la seule autorité véritable et qui est l'expression vivante de la loi ; »

Considérant qu'il ne dépendrait plus, aujourd'hui, de l'Assemblée, de modifier le nom de Président de la République, alors même que ce changement lui paraîtrait opportun, qu'il tient à l'essence même des lois constitutionnelles qu'elle a votées, lois constitutives de la République ;

Considérant que si, comme le déclare M. Ventavon, dans son rapport, la loi du 20 novembre 1873 est constitutionnelle, et, par conséquent, irrévocable, celles des 17 février, 31 mai 1871 et du 13 mars 1873, qui l'ont précédée, le sont au même titre, d'abord parce qu'elles se complètent l'une par l'autre, qu'elles ont toutes pour objet l'organisation du pouvoir exécutif de la République, admise implicitement comme forme du gouvernement de la France, et ensuite parce qu'on ne saurait admettre que l'Assemblée ait pu donner et retenir, faire à la fois du provisoire et du définitif ;

Considérant que le maréchal de Mac-Mahon, Président de la République, n'est pas, comme on a l'a dit à l'Assemblée, l'élu d'un parti, représentant toujours ses tendances, ses intérêts et ses sentiments généraux ; qu'il n'est et ne peut être que le représentant des sentiments généraux de la France, de ses tendances et de ses intérêts ;

Que s'il pouvait se faire que, premier magistrat du pays, il se séparât à ce point de la nation, qu'il ne fût plus qu'un chef de parti, dont il aurait à satisfaire les vues secrètes, non-seulement il se montrerait infidèle à son mandat, mais qu'obligé encore de prendre

des engagements et des résolutions contraires à ce mandat, il serait
bien vite rendu responsable des maux dont la France se trouverait
affligée ;

Considérant que les partisans du système tendant à
isoler de la Nation le Président de la République, ont imaginé,
contre la nature des choses, à son usage, une espèce de gouvernement d'une nature spéciale, une espèce d'être de raison *sui generis*,
enfin un expédient qui tiendrait le milieu entre le gouvernement
libre, modéré, et le pouvoir arbitraire, une indéfinissable anomalie,
une autorité placée en dehors de tout, qui participerait de tout et
qui ne serait rien ;

Que ce pouvoir innommé aurait pour conséquence de fournir un
aliment aux convoitises, aux compétitions qui deviendraient plus
inquiètes, plus impétueuses et plus intraitables ;

Qu'il importe donc d'achever la Constitution républicaine sur les
bases des lois fondamentales déjà votées, sans quoi la marche du
gouvernement serait entravée, l'autorité du Président discutée,
les lois méconnues, la politique incertaine et le retour de la con-
fiance impossible ;

Que, d'ailleurs, l'esprit général de la Nation demande que le
gouvernement républicain soit consolidé, de manière à ce que le
respect de la loi se lie à l'amour de la liberté ;

Considérant que les partis qui divisent l'Assemblée nationale ne sont pas à la veille de s'accorder sur ces graves matières ;

Que c'est le propre des partis d'empêcher le bien en étouffant
tout esprit de justice, et de tout sacrifier à leurs ressentiments et
à leurs intérêts particuliers ;

Qu'en se perdant, ils perdent la France pour méconnaître cet
aphorisme politique d'un grand homme de l'antiquité : Souvent la
moitié est plus que le tout, voulant dire par là que, quand il y
a du danger à prendre le *tout* et que la *moitié* suffit, ce qui suffit est plus que ce qui excède, puisqu'il vaut mieux ;

Que les partis auront cependant beau raisonner, subtiliser et mettre la logique aux gages de quelques ambitions, ils sont liés par l'engagement solennel qu'a pris l'Assemblée nationale d'achever l'organisation du définitif, c'est-à-dire de la République,

Et que les quatre lois constitutionnelles qu'elle a votées dans la plénitude de son pouvoir souverain sont au-dessus de toute discussion ;

Qu'en effet, si les conventions les plus libres, les plus formelles, les plus acceptées, les plus authentiques, ne lient pas un peuple invinciblement, il n'y aurait plus de règle ni de justice ;

DISONS :

Que la République est le gouvernement vrai, normal et légal de la France ;

Que les quatre lois des 17 février et 31 août 1871, et des 13 mars et 20 novembre 1873 en ont posé les bases essentielles ;

Qu'à ce titre, elles sont des lois constitutionelles dont nulle Assemblée, présente ou à venir, n'a le droit de contester ni changer le principe ;

Qu'en fait, en les votant, l'Assemblée nationale actuelle s'est arrogé le pouvoir constituant, et que, par suite, elle a contracté l'obligation d'achever la constitution de la République, en les prenant pour bases de ses décisions ;

Mais que, ses divisions l'empêchant de compléter son œuvre et de fonder ainsi un ordre de choses durables, il y a lieu, pour elle, de se dissoudre et de se retirer devant une Assemblée qui, liée par ses votes et obéissant d'ailleurs à l'opinion publique, organisera enfin la République, le seul gouvernement qui puisse s'approprier aux progrès de la civilisation d'un peuple éclairé et aux intérêts d'un peuple libre.

J. JUTEAU,

Avocat de la Cour d'appel de Paris.

Paris. — Typ. de Rouge, Dunon et Fresné, rue du Four-St-Germ., 43.